두근두근
모험 방울 톡!

두근두근 모험 방울 톡!

1판 1쇄 인쇄 2025. 9. 29
1판 1쇄 발행 2025. 10. 13

지은이 박세빈 | 박소현 | 배지안 | 백민재 | 양서연 | 유온리
    이지우 | 이지유 | 전유은 | 정연우 | 주지빈 | 최다미
발행인 강미선
편 집 강미선 디자인 윤미정

발행처 선스토리
등 록 2019년 10월 29일 (제2019-000168호)

값은 뒤표지에 있습니다.
ISBN 979-11-995053-0-8 (73800)

이메일 sunstory2020@naver.com

매일 어김없이 떠올라 세상을 비추는 해처럼
선하고 이로운 이야기를 꾸준히 전합니다.

두근두근 모험 방울 톡!

어린이 작가 출판 프로젝트 2

글

박세빈	이지우
박소현	이지유
배지안	전유은
백민재	정연우
양서연	주지빈
유온리	최다미

선스토리

차례

프롤로그	6
우리의 시작 배지안 / 경기초등학교 4학년	14
책이 사라진 미래 정연우 / 서울신서초등학교 3학년	24
꿈을 향해 양서연 / 숭인초등학교 6학년	32
구름아, 고마워! 박세빈 / 가재울초등학교 4학년	44
나의 새로운 세계 이지우 / 지도초등학교 3학년	52
인간이 된 푸들이 이지유 / 화정초등학교 3학년	62

내일의 일기장
최다미/상암초등학교 3학년   70

고민을 들어주는 가게
박소현/공덕초등학교 2학년   80

낙심
백민재/가재울초등학교 5학년   86

연구는 승리
주지빈/북가좌초등학교 3학년   98

신비로운 용기 사탕
전유은/서울창서초등학교 4학년   106

다시 찾은 문방구
유온리/상암초등학교 2학년   114

프롤로그

> 아이들이 떠난 모험은
> 삶을 지혜롭게 걸어갈 힘으로
> 이어질 것입니다.

어린이 작가들과 함께 책을 만들 때마다 가장 많이 드는 생각이 있습니다.

"어떻게 이런 생각을 하지?"

마음도 몸도 다 커버린 어른으로서는 절대 상상할 수 없는 기발한 이야기, 웃음을 주는 이야기, 그중에는 조금 엉뚱하다고 생각되는 이야기도 있었습니다. 하지만 그럴 때도 저는 아이들이 하고 싶은 이야기에 귀 기울이고, 한편의 완성도 있는 이야기가 되도록 지켜봐주었습니다. 그랬더니 지금 독자 분이 마주하시는 것과 같이 아주 멋진 이야기들이 꽃피었습니다.

이번 주제는 '모험'이었습니다. 아이들에게 '모험'이 아닌 이야기가 없을 것 같단 생각에 이 소재를 선택했지요. 또 글 속으로 모험을 떠나며 아이들이 한뼘 더 성장하기를 바라는 마음도 있었습니다. 아이들이 떠난 모험 이야기, 간단히 들어보시겠어요?

지안 작가는 인기 유튜버이지만 공부는 세상에서 제일 싫어하는 주인공을 등장시켰습니다. 그 주인공과 친구들은 영어의 방, 책의 방, 수학의 방과 같은 공부의 방 속에 갇히게 되지요. 미로처럼 복잡한 서사를 엮는 일이 쉽지 않았을 텐데, 지안 작가는 특유의 유쾌한 상상력으로 멋진 작품을 만들어냈습니다.

책을 유난히 사랑하는 **연우 작가**는 요즘 친구들이 책보다 게임을 더 좋아하는 것 같다며 안타까운 마음을 글에 담았습니다. 책을 모두 사라지게 만든 독재자를 찾아 미래로 시간여행을 떠나 책을 되찾아오는 이야기를 써내려갔습니다. 흐트러짐 없이 몰입해 글을 쓰고, 자기 생각을 당당하게 이야기하던 연우 작가의 모습이 책을 구하고 미래를 구한 이야기 속 주인공과 겹쳐 보였습니다.

글감을 잡는 데 어려움을 겪었던 **서연 작가**는 결국 자신의 관심사인 '꿈'을 붙잡아 작곡가라는 꿈을 찾아가는 주인공을 만들어냈습니다. 말없이 묵묵히 글만 쓰던 서연 작가는 결말까지 다 써 내려간 뒤, 글과 그림의 배치, 그리고 자신의 글이 어떻게 읽히길 바라는지를 또렷하고 자신감 있게 이야기했는데, 그 당참이 무척 인상적이었습니다. 이 책의 주인공처럼, 서연 작가도 흔들림 없이 자신만의 꿈을 끝내 찾아가기를 진심으로 바랍니다.

세빈 작가가 쓴 이야기입니다. 천국에 간 주인공에게 안내자는 이승에서 행복했던 기억의 수치에 따라 원하는 삶을 살 수 있는 포인트가 제공된다고 말합니다. 하지만 주인공은 아무리 생각해도 행복한 순간이 떠오르지 않습니다. 그랬더니 안내자는 가장 사랑했던 반려견과 함께했던 따스한 시간을 보여줍니다. 주인공은 그때야 그 순간이 가장 행복했음을 기억합니다. 여러분은 이 천국에 간다면 어떤 행복의 순간을 떠올리실까요? 우리가 누리는 행복은 사랑을 나누는 평범한 순간 속에 있다는 메시지를 알려준 세빈 작가에게 고맙습니다.

지우 작가는 '타워'의 꼭대기에 오르기 위해 난관을 극복해 나가는 주인공의 이야기를 완성했습니다. 갈등을 설정하고, 이를 주인공이 단계적으로 해결해 나가며, 마침내 목표에 도달하는 서사는 아동이 서사를 따라가며 자연스럽게 문제상황을 인식하고 대안을 탐색하며 해결책을 도출하는 경험을 가능하게 합니다. 이야기를 만드는 과정에서 스스로 문제 해결 과정을 설계해 봄으로써 비판적 사고력과 창의적 문제해결력이 동시에 키워지는 계기가 되었길 바랍니다.

지유 작가의 글은 '있는 그대로 상대를 존중하고 사랑하기'라는 주제를 품고 있습니다. 지유 작가는 사랑하는 반려견이 사람이 되었으면 좋겠다는 상상에서 이야기를 시작했습니다. 하지만 반려견이 사람이 된 순간 오히려 반려견의 소중했던 모습이 사라지고 말았지요. 그 과정을 통해 주인공은 '있는 그대로의 모습을 존중하고 사랑하는 것'이 진짜 사랑이라는 깨달음을 얻습니다. 지유 작가가 이야기를 쓰면서 주제를 정교하게 다듬는 모습이 제게도 인상적이었습니다.

다미 작가는 '운이 따르지 않는 아이'가 '운이 넘치는 세상'을 모험하며, 결국 '운'보다 더 소중한 것이 무엇인지 깨닫게 되는 이야기를 창작했습니다. 짧은 서사 안에 갈등을 설계하고, 그 갈등을 주인공이 극복하게 만들며, 마지막에는 주제와 연결된 메시지까지 담아낸다는 것은 결코 간단한 일이 아니었을 텐데, 짧은 글 속에서도 깊이를 만들어낸 다미 작가의 힘에 고마움을 보냅니다.

"글 쓰는 게 너무 재미있어요." 하고 환하게 웃던 **소현 작가**의 미소가 아직도 떠오릅니다. 밤이 되면 새로운 판타지 공간으로 변하는 '행복 카페'를 함께 상상하며 글을 지도하는 시간은 제게도 큰 즐거움이었습니다. 아이다운 상상력과 창의력을 존중하고 싶어 최소한 간섭(?)했을 뿐임에도, 이야기를 완성도 있게 써낸 소현 작가가 참 대견합니다. 앞으로도 글 쓰는 즐거움과 상상력의 날개를 마음껏 펼치길 응원합니다.

민재 작가의 작품은 방대한 서사적 배경과 복잡하게 얽힌 구조로 이루어져, 글을 지도하는 과정에서도 상당한 몰입을 필요로 했습니다. 주제와 인물 관계를 다루는 과정에서 우리는 단순히 선생님과 학생의 위치에 머물지 않았습니다. 오히려 기성 작가와 편집자가 원고를 두고 치열하게 논의하듯, 수많은 질문과 답이 오갔고, 때로는 서로를 설득하기 위한 긴 대화가 이어졌습니다. 그 속에서 민재 작가는 제 의견을 겸허히 받아들이되, 끝까지 자신이 지키고자 하는 부분만은 단호하게 지켜냈습니다. 그래서일까요, 민재의 다음 작품이 더욱 기대됩니다.

지빈 작가는 자신이 만든 이야기 속에서 인물의 이름 하나, 사건의 전개 하나에도 유머 감각을 놓치지 않으려 애썼습니다. 덕분에 글을 읽는 내내 즐거움이 함께했습니다. 그러나 단순히 재미에서 그치지 않고, 로봇 세상을 배경으로 인간이 승리하는 이야기가 아니라, 오히려 인간의 이기심으로 파괴된 로봇들이 연대하여 스스로의 존재 가치를 증명하는 깊이 있는 메시지까지 담아냈습니다. 다른 독자들도 충분히 흥미롭게 읽으며 새로운 시선을 얻을 수 있으리라 기대합니다.

유은 작가는 평소 제가 글쓰기를 가르치는 학생인데, 정규 수업 때보다 이야기 창작을 훨씬 더 즐겁게 받아들이는 모습이 무척 인상적이었습니다. 수업 시간보다 더 적극적이고 몰입하여 글을 쓰는 모습을 보며, 글

쓰기 지도 교사로서 아이들에게 진정으로 필요한 글쓰기란 무엇일까 생각하게 되었습니다. 작품 속에서는 부끄럼이 많은 주인공에게 사탕 가게 아저씨가 '세 가지 용기를 내는 방법'을 알려주는데, 이 따뜻한 조언이 많은 어린이 독자에게도 용기를 전해주기 바랍니다.

온리 작가는 '작아진 문방구'를 소재로 독창적인 이야기를 써주었습니다. 문방구 나라에서 테이프 다리 건너기 같은 다양한 미션을 하나씩 이겨내며 모험을 이어가는 주인공을 만들었지요. 어떤 문방구 물건을 이용해 어떤 미션을 설정할지 머리를 맞대고 깊이 고민하던 온리 작가의 모습이 지금도 선명하게 떠오릅니다. 아직 초등학교 저학년이라 개연성을 갖춘 이야기를 전개하는 데 쉽지 않았을 텐데도, 끝까지 완성해낸 온리 작가가 무척 자랑스럽습니다.

아이들이 만든 모험 이야기를 한 권의 책으로 묶으며 제 마음 또한 뭉클해졌다면, 그 마음을 이해하실 수 있으실까요?
아이들이 만든 주인공들이 모험을 떠나며 성장하는 이야기를 다시 한번 읽어보면서, 아이들이 앞으로 살아가며 맞닥뜨릴 수많은 어려움들 또한 잘 이겨낼 수 있으리라는 믿음을 새삼 갖게 되었습니다. 그렇기 때문에 이 책은 단순한 글 모음집이 아니라, 아이들이 자기 삶을 자기답게 지혜롭고 힘차게 걸어갈 수 있다는 약속 같은 책이 될 것이라 확신합니다.

마지막으로, 서연 작가가 글 속에 남긴 가사를 인용하며 제 마음을 대신합니다.

하고 싶은 게 너무 많아
그럼 다 하면 되지
그 많은 것들은 모두 너의 꿈이야
크지 않아도 돼
너가 하고 싶다면 너 할 수 있을 거야

선스토리 출판사 대표 강미선

작가 소개

배지안 경기초등학교 4학년

안녕? 나는 노는 걸 좋아하는 배지안이야. 이 이야기는 나뿐 아니라, 친구들이 모두 싫어할 것 같은 방에 갇힌 이야기를 썼어. 아무리 힘들고 괴로워도 포기하지 않는 마음이 중요하다는 걸 전하고 싶었어. 재미있게 읽어 줘!

우리의 시작

  나는 다른 비둘기들과 색이 다르다고 놀림받는 둘기다. 늘 따돌림을 당하며 힘들고 고통스러운 시간을 보내던 나는, 어느 날 용기를 내어 도망쳐 커다란 성으로 들어갔다. 그곳에서 나는 여우 유이, 그리고 광대 가면을 쓴 체스터를 만났다. 우리는 금세 친구가 되었고, 함께 힘을 모아 로렐럭스 게임 유튜버가 되었다. 영상을 찍고 함께 웃으며 보내는 날들이 너무나 즐거웠다. 우리는 열심히 노력해서 드디어 실버 버튼을 얻었다. 며칠 뒤에는 새로운 친구 찌엘이 찾아왔다.

  찌엘이 합류하면서 우리는 더 재미있는 영상을 만들 수 있었고, 결국 골드 버튼까지 손에 넣었다. 하지만 기쁨도 잠시, 몇 주 뒤부터 조금씩 시련이 찾아왔다. 우리의 채널에 달리는 악플이 점점 늘어나기 시작한 것이다.

"헉, 얘들아! 이리 와 봐. 우리 댓글에 욕이 너무 많아……."

"뭐라고? 우리 열심히 했는데……."

우리는 몇 주 동안 우울함에 빠져 지냈다. 결국 새로 들어온 멤버 네즈는 "행복하지 않으니 잠시 떠날게."라며 나갔고, 찌엘이는 학교 공부 때문에 채널을 그만두었다.

남은 건 나와 체스터, 그리고 유이뿐이었다. 우리는 끝까지 버티려고 했지만, 12월 24일 밤, 지쳐 잠들던 순간 침대가 무너지며 어둠 속으로 빨려 들어갔다.

정신을 차려 보니, 우리 앞에는 고통의 미로가 펼쳐져 있었다.

수학의 방

내가 떨어진 곳은 '비둘기 수학반'이었다. 교실처럼 생긴 방 안, 칠판에는 수학문제가 빽빽하게 적혀 있었고, 벽에는 무시무시한 문장이 떠 있었다.

"수학문제를 다 풀지 않으면 비둘기들이 몰려와 너를 쪼아댈 것이다."

나는 수학도 싫고, 비둘기도 싫었다. 두려움에 몸이 굳어졌지만, 어디선가 목소리가 들려왔다.

"포기하지 마. 쉬운 문제부터 하나씩 해 봐."

나는 숨을 고르고, 가장 쉬운 덧셈부터 풀기 시작했다. 비둘기들이 날개를 퍼덕이며 방해했지만, 나는 끝까지 집중했다. 결국 마지막 문제까지 풀자 칠판이 환하게 빛났고, 문이 열리며 나는 방을 빠져나올 수 있었다.

영어의 방

체스터는 '영어의 방'에 떨어졌다. 옆에 있는 스피커에서 계속 영어들이 쏟아져 나오고, 방은 영어 단어들이 가득했다. 체스터는 영어를 싫어한다. 체스터는 어떻게든 나오려고 했다. 하지만 문도 없고 창문도 없는 방이었다. 그곳에는 빛나는 칠판이 있고, 영어 문제들이 써 있었다. 체스터는 저 문제들을 다 풀어야 나갈 수 있다는 걸 알았다.

"그래! 아무리 힘들어도 이겨내야 해!"

체스터는 배웠던 영어들을 생각해서 영어를 썼다. 틀리면 스피커에서 영어 소리가 계속 커지지만 흔들리지 않고 문제를 다 풀었다. 그리고 문이 생기자 그 문을 열고 안으로 들어갔다.

책의 방

한편 유이는 '책의 방'에 떨어졌다. 사방이 끝없는 책장으로 둘러싸여 있었고, 책들이 괴물처럼 날아다니며 유이를 덮쳤다.

"으악! 나 책 싫은데……."

하지만 곧 유이는 책 속에 탈출 단서가 숨어 있다는 사실을 깨달았다. 떨리는 손으로 책을 펼치자 빛나는 글자가 튀어나왔고, 책 괴물은 하나씩 사라졌다. 용기를 내어 여러 권을 펼친 끝에 글자들이 모여 황금 열쇠가 되었고, 유이는 무사히 탈출할 수 있었다.

아무리 힘들어도 포기하지 않기!

내가 나오자 유이가 달려왔고, 뒤이어 체스터도 나타났다. 우리는 서로를 꼭 끌어안았다.

"애들아, 아무리 힘들고 괴로워도 포기하지 않고 이겨냈기 때문에 이렇게 다시 만날 수 있었어."

내가 말했다. 그 순간 창밖에서 눈이 내리기 시작했다.

"저것 봐! 벌써 크리스마스야! 우리 빨리 나가서 놀자!"

유이는 신난 목소리로 외쳤다. 우리는 옷을 껴입고 나가서 눈싸움도 하고, 커다란 눈사람도 만들었다. 그때 멀리서 네즈와 찌엘이가 다가왔다. 그리고 그 옆에는 마시멜로우, 나를 지켜주는 별나라 요정도 있었다.

"메리 크리스마스!"

네즈와 찌엘이, 마시멜로우가 소리쳤다. 우리는 크게 웃으며 모두 함께 집으로 들어갔다.

꿈을 찾아 이루기

우리는 그렇게 행복한 나날을 보내고 유이는 작가, 체

스터는 통역사, 찌엘이는 화가, 네즈는 가수가 되었다. 나는 간호사가 되어 나만의 꿈을 찾았다. 우리는 그렇게 10년 뒤, 우리가 살던 집으로 가서 그동안 쌓인 이야기를 나누었다.

작가 소개

정연우 서울신서초등학교 3학년

안녕! 나는 책을 좋아해. 그런데 요즘 친구들은 책을 읽기보다 비디오 게임을 더 많이 하는 것 같아. 내 이야기를 읽고 책에 대한 흥미를 가지면 좋을 것 같아서 이 이야기를 만들었어. 재미있게 읽어 줘!

책이 사라진
미래

나는 '나중'이 없앤 책을 되찾으러 미래로 왔다. 2055년. '나중'은 2025년에 세상의 모든 책을 빼앗은 사람이다. 2025년 이후의 사람들은 '나중'이 책을 모두 가져가 버린 탓에 책을 읽지 않았고, 당연한 정보나 사실도 알지 못했다. 예를 들어, 바다에 가보지 않았다면 바다가 존재한다는 사실도 몰랐다. 세상은 책을 읽지 않는 사람들이 많아 발전되지 못했다. 사람들은 영화만 봐서 상상력의 크기도 작아졌다. 상상력이 작아진 사람들은 책을 가진 '나중'만 따르게 되었다. 나의 미션은 '나중'이 숨겨둔 책들을 되찾아 다시 많은 사람이 책을 읽게 해서 상상력과 자기만의 생각을 갖게 하는 것이다.

나는 미래에서 나를 도와주기로 한 동수형을 만났다. 30년이나 나이를 먹은 동수형은 '폐쇄구역'이라고 적힌 곳으로 나를 데려갔다. 그곳에는 30명 정도 되는 사람들이 모여 있었다. 동수형이 말했다.

"'나중'에 반대하는 사람들을 모았어."

"작전은 이거야. 오늘 '나중'이 한 초등학교에서 강연할 거래. 네가 그 학교에 가서 '나중'의 지문을 찾아오는 거야. '나중'은 아마 자기 집 지하의 거대한 창고에 도서관을 만들고 책을 숨겨놓았을 테니, 지문을 이용해 그곳에 들어가자. 그리고 책을 빼내서 사람들에게 나눠 주는 거야."

"좋아!"

나는 대답하고 학교로 갔다. 학교는 리본과 풍선으로 장식되어 있었고, 학교 교문 앞에는 경호원들이 있었다. 학교 강당에는 '나중'이 서 있었다. 교장 선생님이 말씀하셨다.

"오늘은 '나중'님이 특별히 자신의 인생 이야기를 해주실 거예요."

'나중'은 강당에서 자기 이야기를 하기 시작했다. 그런데 무언가 일부러 중간중간 중요한 말을 빼먹는 것 같았다. 나는 '나중'이 강연을 끝내고 사람들과 인사를 나눌 때 '나중'의 아이패드를 몰래 손에 넣었다. 거기엔 이렇게 쓰여 있었다.

나는 가난하게 태어났다. 어느 날 낡은 책을 갖게 되었고, 책에 흥미를 갖기 시작했다. 성실하게 일한 나는 돈으로 책과 인쇄기를 모으기 시작했다. 그러고서는 돈이 부족하자, 도둑들과 힘을 합쳐 세상의 모든 책을 모으기 시작했다. 이제 책은 나만 갖고 있으니, 사람들은 지혜와 상상력을 가질 수 없고 똑똑해질 수 없기에 나만 따를 것이다!

문득 이곳에 처음 왔을 때가 생각났다.

나는 책이 사라진 세상에서 우연히 쓰레기통에 버려져 있던 낡은 책을 발견했다. 단 한 권밖에 없는 책이어서 나는 그 책을 숨겨두고 몰래몰래 꺼내서 소중하게 읽었다. 그날도 혼자 숨어서 책을 읽고 있었는데 갑자기 책이 바람에 날아갔다. 책을 되찾으러 쫓아가 보니 커다랗고 둥근 물체가 있었다. 타임머신이었다. 나는 무언가에 홀린 듯 그 타임머신을 탔고, 정신을 차렸을 때는 이미 미래로 와 있었다.

나는 다시 정신을 차려 '나중'의 아이패드를 가지고 학교를 빠져나와 동수형을 만났다. 우리는 아이패드에서 '나중'의 지문을 찾아내고 침투 작전을 세웠다. 동수형이 모아온 사람들이 '나중'의 집을 지키는 경비원들의 눈길을 끌고, 그 틈을 타 우리가 '나중'의 지하 도서관으로 잠입해서 책을 가지고 나오는 것이다.

나와 동수형은 가까스로 경비원을 따돌리고 '나중'의 집으로 들어왔다. 그리고 아이패드에서 찾은 '나중'의 지문으로 도서관의 문을 열었다.

도서관 안에는 '나중'이 고용한 노예들이 있었다. '나중'은 세상에서 가장 좋은 직업을 가지게 해준다고 사람들을 유혹한 뒤 도서관에서 자신을 찬양하는 글만 쓰게 했다. 세계 각지에서 모아온 책은 불태우게 하고 매일 '나중은 위대하다'는 구호도 외치게 했다. 그곳의 노예들은 하루에 겨우 한 끼만 배식받았는데, 일을 제대로 못하면 그마저도 먹지 못했다.

나는 '나중'의 노예들의 눈을 피해 가져간 가방에 몰래 책을 담았다. 남아있는 책은 별로 많지 않았지만 다행스럽게도 역사책들이 남아있었다. 그때 한 노예가 내가 몰래 담은 책을 보았다.

"그걸 왜 가져가는 거죠?"

나는 숨을 고르고 작은 목소리로 대답했다.

"이건 책이에요. 제가 가져가게 도와주세요. 이 책은 여러분을 자유롭게 해줄 힘을 줄 거예요."

노예들의 눈빛이 흔들렸다. 한 여자가 조심스럽게 물었다.

"자유라니… 그게 정말 우리에게도 올 수 있나요?"

나는 고개를 끄덕였다.

"반드시요. 이 책들이 여러분에게 그 길을 보여줄 거예요."

노예들은 내 이야기를 듣더니 아무 일 없다는 듯 고개

를 숙이고 다시 펜을 들어 '나중은 위대하다'는 문장을 반복해 적기 시작했다.

나는 책을 가지고 나와 사람들에게 '나중'이 준 것이라고 속이고 읽으라고 했다. 사람들은 '나중'이 줬다고 하니 의심 없이 책을 읽기 시작했다. 그러자 모두가 자신만의 생각이 생겨나기 시작했고, 결국 경찰들이 '나중'을 체포했다. '나중'이 체포됐을 때 외친 소리가 내 귓가에 울렸다.

"내가 타임머신을 만들었어! 내가 설계도를 만든 거라고! 지금의 너 또한 내가 만든 거야! 명심해! 이거 놔!"

나는 그 말을 무시하고 타임머신에 올라탔다. 그리고 뒤를 돌아봤다. 책을 되찾은 미래의 사람들은 지식과 지혜를 얻었고, 서점들은 책을 둘 곳이 부족해 걱정하고 있었다.

나는 미소를 지으며 과거로 향했다. 미래에 책이 사라질 걱정 없이.

작가 소개

양서연 _숭인초등학교 6학년_

저는 아직 꿈이 명확하지 않아요. 하고 싶은 게 너무 많은데 다 하기 힘들 것 같아요. 저처럼 꿈이 없어 고민인 친구들을 위해 이 책을 썼어요. 제 이야기를 읽고 꿈을 향해 나아갔으면 좋겠어요. 여러분의 꿈이 이루어지길 응원할게요!

꿈을
향해

펑-

"우와, 멋있다……."

일본에 여행 갔을 때였다. 화려한 불꽃 아래에서 반짝이며 공연하는 사람들. 잊을 수 없을 만큼 아름다운 순간이었다. 아마 그때였을까. 지금의 나를 만들어준 시작점이.

중학교 1학년 때, 수학여행으로 일본에 갔다.

"야, 저녁에 불꽃놀이 한다고 했는데 보러 갈래?"

내 단짝 리아의 제안으로 불꽃놀이를 보러 갔다. 그때까지만 해도 불꽃이 터지는 소리만 들릴 줄 알았다. 그런데 불꽃놀이 장소에 도착했을 때, 아름다운 멜로디가

귀에 들어왔고, 불꽃 아래에서 공연하는 사람들이 눈에 들어왔다.

"대박!"

그저 감탄밖에 나오지 않았다. 공연이 끝난 후, 나는 생각했다. 내 꿈을 찾았다고.

"야! 노을하!"

"어? 뭐라고?"

"사람이 부르면 대답 좀 해. 뭔 생각을 그렇게 하냐?"

"아, 그냥… 하고 싶은 게 생겼거든."

"하고 싶은 게 뭔데?"

"그냥, 일본노래."

"갑자기?"

"저번에 일본으로 수학여행 갔을 때 본 공연이 너무 멋있어서."

"뭐, 열심히 해라."

그날 이후로 나는 하루 종일 그 공연만 생각했다. 일본노래가 너무 좋아져서 시간 날 때마다 찾아 듣고, 가사를 만들어보기도 했다. 하지만 쉬운 건 하나도 없었다. 그래도 포기하지 않았다. 그런데 참 야속하기도 했다. 노력한 모습을 가족도, 그 누구도 알아봐 주지 않았다. 주변에서는 쓸모없는 일이라고 왜 하냐고만 했다. 그런 말들에 조금씩 지쳐가기 시작했다.

"야, 너 일본노래 만든다던 거 잘돼? 많이 노력하는 것 같던데, 그 정도 노력이면 당연히 잘될 거야. 열심히 해 봐."

리아가 해준 이 말은 정말 감동이었다. 포기하고 싶을 때마다 리아의 응원이 큰 힘이 되어주었다. 덕분에 나는 포기하지 않을 수 있었다. 그리고 어느 날, 드디어 빛을 볼 수 있는 기회가 찾아왔다.

'청소년 작사 공모전? 청소년을 대상으로 한다고? 1등에게는 전문가에게 작사 수업을 받을 기회를 준다고? 그런데 부모님의 동의서가 필요하네.'

이건 기회라 생각하고 바로 부모님께 말했다.

"안 돼."

"왜요?"

"그런 거에 시간 쓰지 말고 공부나 더 하렴."

"제 꿈이에요!"

"그런 꿈 꿔봤자 좋은 거 없어."

열심히 부모님을 설득했지만 내 말을 주의 깊게 들어주시지 않았다. 참가 신청 마감일은 21일까지. 오늘은

20일. 오늘까지 꼭 설득해야 했다.

"엄마, 아빠. 저 이 공모전 꼭 나가고 싶어요."

"안 된다고 몇 번을 말하니."

"제가 이렇게 열심히 노력하는 모습 본 적 있으세요? 딸의 꿈이라는데 부정만 하실 거예요? 무슨 일을 하든 응원해주시는 게 올바른 거 아닐까요?"

"그렇게 원하니?"

"네……."

"그래, 네가 원한다니. 신청은 어디서 하니?"

드디어 성공했다. 공모전에 나갈 수 있게 된 것이다.

설렘 반, 긴장 반으로 참가했다. 예선은 참가 이유를 쓰는 것이었다. 어렵진 않았다. 솔직하게 적었더니 본선에 진출할 수 있었다. 본선은 직접 작사를 해서 가져오는 것. 기간은 3주였다. 열심히 썼다. 처음엔 괜찮았지만, 마지막이 문제였다. 어떻게 해도 어색했다.

"하…… 어렵다."

머리를 쥐어짜도 마무리가 떠오르지 않았다. 벌써 기간은 이틀밖에 남지 않았다.

"진짜 어떻게 해야 하지?"

골똘히 고민하던 그때, 좋은 생각이 떠올랐다.

"그래! 의문형으로 끝내보자!"

이렇게 마무리까지 무사히 할 수 있었다.

합격자는 단 5명. 그중 나도 있었다!

마지막 시험은 '왜 그렇게 작사했는지'를 면접관 앞에서 말하는 것이었다.

"노을하 님?"

"네!"

"유일하게 일본어로 작사하셨더라고요. 이유를 들을 수 있을까요?"

"예전에 일본 노래 공연을 봤습니다. 그때 일본 노래를 해야겠다는 생각이 들었고, 일본 노래만의 매력에 깊이 빠졌습니다. 그래서 일본 노래를 들으며 공부했고, 자연스럽게 일본어로 작사를 하게 되었습니다."

"주제를 왜 꿈으로 했나요?"

"꿈은 정하는 건 어렵지 않지만, 실천하는 건 어렵기 때문에 포기하는 경우가 많습니다. 그래서 그 어려움을 견뎌낼 수 있도록 응원하는 가사를 쓰고 싶었습니다."

"네, 마지막에 '너의 꿈은 뭐야?'라는 질문을 넣은 이유가 있을까요?"

"그 질문을 통해 이 노래를 듣는 사람들이 스스로의

꿈을 깊게 생각해보길 바랐습니다."

"네, 감사합니다. 면접 결과는 추후 공지하도록 하겠습니다."

면접이 끝나고 떨리는 마음을 안은 채 집으로 갔다. 결과는 일주일 뒤에 나온다. 그 일주일 동안 별별 생각을 다 했다. 말을 너무 뭉갠 건 아닐까? 괜히 이상하게 대답한 건 아닐까? 후회와 불안이 계속 맴돌았다.

그리고 마침내, 기나긴 일주일이 지나 결과 발표 날!

"제발……"

결과는?

"공동 1등?"

순간 당황하던 그때, 또로롱~ 또로롱~ 전화벨이 울렸다.

"여보세요?"

"안녕하세요! 작사 공모전 주최 팀입니다. 1등 정말 축하드립니다. 1등 상품인 작사 수업에 대해 안내드리려고 연락드렸습니다. 수업은 이번 달 28일부터 두 달간 무료로 진행될 예정입니다. 궁금하신 점 있으실까요?"

"공동 1등이라고 하셨는데, 같이 듣는 친구가 있나요?"

"네, 맞습니다."

"알겠습니다. 더 궁금한 건 없어요."

"다시 한 번 1등을 진심으로 축하드립니다."

전화를 끊고 나니 아무 생각도 나지 않았다. 공동 1등인 건 중요하지 않았다. 작사 수업을 들을 수 있다는 사실에 너무 신이 났다.

드디어 28일. 수업 장소에 도착했을 때, 내 앞에 다른 학생 한 명이 있었다. 공동 1등 한 친구겠거니 하고 인사를 건넸다.

"안녕, 너도 수업 같이 듣는 친구니?"

"어? 노을하! 너 뭐야?"

"어? 네가 왜 여기 있어?"

"너 공모전 나간다는 게 이거였구나!"

"세상에, 이런 우연이 다 있네."

그 순간 얼마나 놀랐는지 모른다. 그 친구는 늘 나를 응원해주던, 바로 리아였다.

재미있는 우연 덕분에 우리는 함께 수업을 들었다. 두 달 동안 열심히 배우니 확실히 실력이 늘어나는 게 느껴졌다. 수업 마지막 날, 선생님께서 뜻밖의 제안을 하셨다.

"너희, 직접 만든 노래로 공연할 생각 없니? 워낙 재능이 많아서 말이야."

우리는 눈빛을 마주치더니 동시에 대답했다.

"좋아요!"

그날부터 우리는 공연을 위해 더욱 열심히 작사했다. 선생님의 도움을 받으며 가사를 다듬고 멜로디를 맞췄다. 단풍이 물들기 시작할 때부터, 낙엽이 지고 첫눈이 내리는 계절을 지나, 마침내 크리스마스.

"을하야, 떨려?"

"전혀! 기대되기만 하는걸?"

오후 8시, 우리의 무대가 시작됐다. 꿈을 찾아가는 모든 이를 위한 노래, 그 무대 위에서 우리는 당당히 노래했다.

꿈을 향해

꿈을 이루는 건 어려운 일이야
많은 노력과 시간이 필요하니까
때로는 무너지고, 좌절하지

가끔은 남의 시선이 느껴지기도 해

그럴 때마다 몸이 움츠러들어
하지만 그건 너가 꿈을 포기할 이유가 되지 않아

꿈을 향해 한걸음 더 나아가
포기하지 마
포기하기엔
많은 노력을 했잖아

너의 꿈 속으로 함께 달려 나가자
할 수 있어

하고 싶은 게 너무 많아
그럼 다 하면 되지

그 많은 것들은 모두 너의 꿈이야
크지 않아도 돼
너가 하고 싶다면 너 할 수 있을 거야

너의 꿈은 뭐야?

夢に向かって

夢を叶えるのは大変なこと
たくさんの努力と時間が必要だから
時には崩れて、挫折することもある
たまには人の目が気になる
その度に身がすくんでしまう
でも、それは夢をあきらめる理由にはならない
夢に向かって一歩ずつ進もう
諦めないで
あきらめるには
今までの努力が持ったりない
あなたの夢に向かって一緒に走って行こう
きっとできるよ
やりたいことがたくさんあるなら
すべてやればいい
それらすべてがあなたの夢
大げさなことじゃなくてもいい
あなたがやりたいなら、きっとできる
あなたの夢は？

작가 소개

박세빈 — 가재울초등학교 4학년

안녕? 나는 동물을 좋아해. 그런데 요즘 나쁜 어른들이 반려동물을 학대하는 걸 봤어. 그래서 나는 동물과 사람의 우정이 담긴 책을 썼어. 사람들이 이 책을 읽고 동물들과 친해지길 바랄게. 사실 여기에 나오는 강아지 이름은 내 친구의 강아지 이름이라는 사실! 내 친구의 강아지가 환생하길 바라는 마음을 담아 썼어. 재미있게 읽어 줘!

구름아,
고마워!

나는 99살이 되어 평화로운 천국의 어느 날에 오게 되었어.

"아린 씨, 잠시 저 좀 따라와 주시겠어요?"

"알겠습니다."

"안녕하세요, 아린 씨. 저는 천국의 안내자입니다. "저희 천국에서는 이승에서의 행복 수치에 따라 포인트가 생깁니다. 얼마나 진실되게 행복한지에 따라 수치가 매겨지고, 그 포인트로 자신이 원하는 대로 환생을 하거나 행복한 순간을 볼 수 있습니다. 제가 메뉴를 보여 드리겠습니다."

안내자는 컴퓨터 키보드를 만지작 거리더니 갑자기

슝! 하고 큰 화면이 내려왔어.

"아린 씨는 천포인트나 갖고 계시네요? 천 포인트는 거의 갖기 힘든 포인트인데요."

"저는 행복한 순간을 보고 싶어요."

나는 아무리 생각해도 행복한 순간이 그렇게 많지 않게 느껴졌어. 그런데 유독 행복했던 기억을 안내자가 눈앞에 보여주었어. 나의 초등학교 5학년 시절이야.

나는 학교에서 친구들에게 괴롭힘을 당했어.

"아린아, 오늘도 식판 잘 부탁해!"

난 아이들이 먹은 식판을 모아 배식구까지 가야 했어. 나도 넘어질까 너무 무서웠어. 그런데 발을 삐끗한 거야. 난 넘어졌지. 그렇게 나는 김치 범벅이 되고 체육복으로 갈아입어야 했어. 그럼 이제 괴로운 건 끝났을까? 아니. 그럴 리가. 그런데 뒤에서 누가 따라오는 기분이 드는 거야. 누군지 뒤를 돌아보니, 어라? 웬 강아지 한 마리가 있는 거야. 난 무시하고 그냥 갔지. 근데 계속 날 쫓아오는 거야. 순간 나는 이런 생각이 들었어.

'저 강아지도 나처럼 외로운 게 아닐까?'

그러다 다시 정신을 차렸지. 아니야. 정신차리자, 이

아린!

하지만 강아지를 안고 나도 모르게 집 앞까지 온 거야. 난 금방 강아지를 보조 가방에 숨긴 뒤 집에 들어왔어.

"다녀왔습니다.'

오늘도 화가 매우 나신 부모님.

"이아린! 어떻게 시험을 봐서 98점을 맞아? 일루 와!"

난 엄마에게 혼이 나고 아빠에게 열두살 밖에 안된 내가 견디기엔 너무 힘든 말을 들어야 했어. 난 나의 유일한 안식처인 방으로 도망쳤어. 그리고 그 강아지를 꺼냈어.

"너 털이 완전 부드럽구나! 완전 구름 같아! 구름이라고 불러야 겠네?"

"왈! 왈!"

구름이는 내가 지어준 이름이 좋은 듯 꼬리를 흔들며 소리쳤어.

"쉿! 조용히 해. 엄마한테 들키면 난 혼난단 말이야. 배가 많이 고프지? 사료 사러 갈게. 기다려!"

나는 부모님 몰래 펫마트로 가서 사료를 구매했어.

"나 왔어~"

방에 들어가 구름이부터 찾았어.

구름이는 로케트보다 더 빠르게 달려왔어. 그리고 내 볼을 핥아줬지.

"구름아, 그만해."

몇 년이 지나 우리는 베프가 됐어. 산책도 같이, 잘 때도 같이, 내가 울 땐 나의 눈물을 핥아주며 위로해줬지. 같이 울고 웃고 싸우고 고마워하고. 우린 하나였어. 갈라진 도로를 시멘트로 채우듯 갈라진 내 마음도 너의 따뜻한 털로 채워졌지.

그런데 어느 날 부터인가 네가 아무것도 먹지 않았어. 움직이지도 않고 그냥 가만히 누워 있었어. 난 그제야 네가 아프다는 걸 알고 병원으로 달려갔어. 그날 눈이 많이 오더라. 네가 나에게 얼마나 소중한 존재였는지 이제야 실감이 나더라. 약을 한가득 사고 집으로 달려갔지. 얼마나 급했으면 한 겨울에 슬리퍼만 신고 뛰어 갔겠어? 근데 난 이미 늦었더라. 넌 차갑게 식었더라. 갑자기 마음이 아프더라. 그리고 머리에선 너와 함께하던 나날들이 생각났어. 난 네가 없는 세상을 상상하기도 싫었어.

"내가 미안해. 진작에 아픈걸 눈치 챘어야 했는데. 네가 떠날 때 옆에 있어주지 못해서 미안해!! 왜 떠나는 거야……."

난 바닥에 떨어진 네 털을 작은 유리통에 넣고 평생 가지고 다녔어. 날 걱정해준 적 없는 부모님과 날 무시하는 친구들. 진짜 넌 오직 나의 유일한 친구이고, 가족이었어.

가족보다 더 가족같은 네가 있다는 게 난 너무 행복했어. 소중한 네가 가서 슬펐지만 내가 너의 인생을 대신 살아준다고 너에게 말했지.

"너무 슬프고 행복한 이야기네요."

"이제 천국의 길로 이동합시다."

"저기…… 혹시 환생을 할 수 있을까요?"

"말씀드렸듯이 행복했던 순간을 보면 환생이 불가능합니다."

"제발요. 부탁합니다. 안내자님."

"그럼 대천사님께 물어볼게요."

대천사가 하늘에서 내려왔다.

"안녕하세요. 전 대천사입니다. 행복한 순간을 이미 보셨는데 환생을 하시고 싶다고 하셨나요? 행복 포인트가 몇 개였죠?"

"천 포인트입니다."

"강아지에 대한 사랑은 어땠죠?"

"음······."

"5만 포인트입니다. 방금 시스템으로 확인했어요."

안내자가 대신 답해줬다.

"네? 5만 포인트요? 와. 5만포인트 이거 희귀한 건데! 제가 다시 한번 확인해 볼게요."

"가끔 나쁜 사람들이 동물을 학대하고 싫어하는데, 아린님은 동물을 친절하게 잘 돌봐주는 모습이 멋집니다! 다음 생에도 이런 멋진 모습을 보여주기예요!"

대천사는 하늘로 날아갔다.

"그럼 아린 씨 누구로 환생하시겠습니까?"

"구름이의 가족이 되겠습니다."

"네, 알겠습니다!"

그때 내 몸에서 빛이 나기 시작했다.

"왈왈!"

"우와 강아지다! 너무 귀여워! 언니랑 같이 집에 가자."

작가 소개

이지우 — 지도초등학교 3학년

안녕하세요! 저는 가끔 혼자 생각해요. '언젠가 내가 좋아하는 게임 속 높은 타워를 올라가면 어떤 기분일까?' 그것을 이야기로 쓰면 재미있을 것 같아서 이 글에 담았어요. 제 이야기를 읽으면서 함께 모험을 떠나볼까요!

나의
새로운 세계

   소윤이는 오늘도 학교 수업을 마치고 도서관에 갔다. 소윤이는 하루에 한 권씩, 책 읽는 것을 좋아했다. 그런데 오늘은 소윤이가 평소 좋아하는 책을 읽는데도 재미가 없었다. 다른 책을 읽으려고 책장을 둘러보는데 소윤이 눈에 딱! 들어오는 책이 있었다. 제목은 『나의 새로운 세계』였다.

   '나의 새로운 세계? 재미있겠는데?'

   소윤이는 당장 책을 빌려 제자리로 돌아와 첫 장을 넘겼다. 그때 스르륵 책장 사이에서 쪽지 하나가 떨어졌다. 소윤이는 신기한 마음에 쪽지를 열어봤다. 지도였다. 그 순간, 시간이 멈췄다.

시간이 멈춘 뒤 소윤이는 낯선 곳에 서 있었다. 그곳은 안개가 자욱하게 깔려 있어서 앞이 보이지 않았다. 소윤이의 손에는 지도가 그려진 쪽지가 들려져 있었다. 쪽지를 펼쳤을 때 글자 하나가 새로 생겼다. '문'이라는 글자였다.

'문? 어떤 문이라는 거지?'라고 생각하는 순간, 소윤이 앞에 문이 생겼다. 소윤이는 망설이다가 이왕 지도를 찾았으니 문을 열고 들어가 봐야겠다고 마음먹었다.

게임 속으로

문 안에는 어떤 여자아이가 있었다. 여자아이의 새까만 머리카락은 허리까지 내려올 만큼 길었다. 보라색 짧은 티셔츠에 검정색 바지를 입고 있었다. 작은 가방을 등에 짊어지고 있었는데 무언가로 꽉 차 보였다.

"나와 같이 가지 않을래?"

소윤이는 얼떨결에 알겠다고 했다. 여자아이와 함께 도착한 곳에는 하늘까지 닿을 듯한 높은 타워가 있었다.

"여기가 어디야?"

"게임 세상이야."

"게임 세상? 그게 뭐……."

"미안한데 네 얘기에 대답할 시간이 없어. 우리 빨리 타워 꼭대기로 올라가야 하거든! 제한 시간 한 시간 안에 타워 끝까지 올라가지 못하면 우리에게 어떤 일이 일어날지 몰라!"

여자아이는 말이 끝나기가 무섭게 먼저 뛰어갔다. 소윤이는 어떻게 도서관으로 되돌아갈 수 있는지 물어보지 못한 채 아이를 따라 뛰었다.

타워를 올라가던 아이가 뒤돌아보며 말했다.

"우리는 세 가지 관문을 통과해야 해. 성공할 때마다 무기를 얻을 수 있어. 그런데 조심해! 가다가 중간중간 무시무시한 괴물이 나타날지 모르거든."

불투명 세상

소윤이는 괴물이라는 말에 너무 무서웠다. 타워를 오를 때 밟고 가야 하는 블록이 없거나 떨어진 곳도 많아서 조심조심 점프하며 가야 했다. 타워를 올라가다 보니 첫 번째 관문에 도착했다.

"이 관문을 통과하려면 불투명 세상을 지나가야 해. 여기서는 뭐든 잘 안 보여. 괴물도 안 보이고 문도 안 보여.

하지만 무사히 통과하면 괴물들과 싸울 때 사용할 수 있는 무기를 얻게 돼!"

여자아이가 말했다. 여자아이 말대로 타워를 오를 때 앞이 잘 보이지 않았다. 아이와 가다 보니 어느새 첫 번째 관문을 통과했다. 그리고 무기를 얻을 수 있었다. 끝이 아주 뾰족한 검이었다. 이제 40분밖에 남지 않았다. 그러고 보니 아이는 무기를 얻지 않았다. 그래서 소윤이가 물었다.

"넌 왜 무기를 가져오지 않았어?"

"난 여기를 많이 와봤거든!"

소윤이는 그 말이 어떤 뜻인지 이해할 수 없었지만, 시간이 많지 않아서 물어보지 않고 그냥 타워를 올라갔다.

외눈박이 괴물

두 번째 관문으로 가는 길은 첫 번째보다 힘들었다. 낭떠러지를 따라 놓인 사다리를 타고 올라가야 했고 발밑을 내려다보니 아찔하기만 했다. 게다가 관문에 다다르기 전부터 시야가 흐려져 앞이 잘 보이지 않는 구간까지 나왔다. 첫 번째 관문과는 확실히 달랐다.

우여곡절 끝에 도착한 두 번째 관문에는 외눈박이 괴물 두 마리가 버티고 있었다. 여자아이는 각자 한 마리씩 맡자고 했다. 소윤이는 당황했지만 첫 번째 관문에서 얻은 검을 떠올리고 용기를 냈다. 괴물은 블록처럼 단단한 몸이어서 상대하기 쉽지 않았지만 검으로 차근차근 블록을 떼어내자 마침내 산산조각이 났다. 여자아이는 가방에서 꺼낸 날카로운 부메랑으로 손쉽게 상대를 제압했다.

괴물을 쓰러뜨리자 관문이 열리고 이번에는 튼튼한 방패가 나타났다. 무겁긴 했지만 앞으로 꼭 필요할 것 같았다.

마법사 카렌

세 번째 관문으로 가는 길은 훨씬 험했다. 낭떠러지 사이의 암벽까지 건너야 했고 바닥은 보이지 않을 만큼 깊었다. 소윤이가 휘청하며 떨어질 뻔했을 때, 여자아이가 손목을 붙잡아줘서 간신히 떨어지지 않을 수 있었다.

"괜찮아?"

"응. 너 아니었으면 큰일 날 뻔했어. 고마워!"

"여기서 떨어지면 처음부터 다시 올라와야 해."

여자아이의 말을 듣고 소윤이는 등골이 오싹해졌다.

힘겹게 암벽을 지나고 나니 체력이 금방 바닥났다. 첫 번째와 두 번째 관문보다 엄청 길고 복잡했기 때문이다. 그때 아이가 갑자기 외쳤다.

"소윤아! 큰일이야. 시간이 이제 15분밖에 안 남았어!"

"정말? 어떡해."

"응. 세 번째 관문까지 거의 다 왔어. 하지만 마지막은 아주 강력한 마법사 카렌이 지키고 있어. 우리가 얻은 무기를 모두 사용해야 할 거야."

"무섭지만…… 우리 힘을 합치면 이길 수 있을 거야."

마침내 세 번째 관문에 도착했다. 커다란 성 꼭대기에서 카렌이 마법 지팡이를 들고 기다리고 있었다. 카렌은 강력한 바람 마법을 쏘아 보냈지만 소윤이는 방패로 막고 여자아이는 부메랑을 사용해 틈을 만들면서 앞으로 나아갔다.

"너희 제법인데? 하지만 이번엔 버티지 못할걸!"

카렌이 마법 지팡이를 휘두르자 작은 붉은 용 열 마리가 나타났다.

"이 용들은 불을 뿜어. 소윤이 넌 방패로 불을 막고 검으로 물리쳐. 나는 부메랑으로 상대할게."

소윤이는 방패로 불길을 막으며 용들과 맞섰다. 점점 힘이 빠졌지만, 하나씩 쓰러뜨려 마침내 다섯 마리를 물리쳤다. 여자아이도 나머지 다섯 마리를 처치했다. 이제 시간은 10분밖에 남지 않았다.

"소윤아, 서둘러! 이제 꼭대기까지 뛰어가자!"

둘은 마지막 힘을 짜내 계단을 달렸다. 도중에 함정처럼 바닥 블록이 떨어지면서 아찔한 순간도 있었지만 간신히 피해서 올라갔다. 마침내 꼭대기에 도착했을 때 남은 시간은 단 30초. 그때 여자아이가 미소 지으며 말했다.

소중한 증표

"축하해. 사실 난 여기 타워에 사는 요정이야. 넌 『나의 새로운 세계』라는 책을 통해 들어온 거고. 이제껏 게임 세상에 온 아이들은 많았지만 마지막 관문까지 성공하고 타워 꼭대기까지 올라온 건 네가 처음이야."

소윤이는 벅찬 마음에 활짝 웃었다.

"정말 뿌듯해!"

여자아이는 소윤이에게 방패와 검, 자기 얼굴 모양 비즈가 달린 목걸이를 내밀었다.

"이건 세 번째 관문을 통과한 증표야. 절대 잊지 마."

그 순간 소윤이 앞에 빛나는 문이 생겼다.

"저 문을 지나면 다시 도서관으로 돌아갈 수 있어. 잘 가. 소윤아."

"응. 잘 있어. 널 잊지 않을게!"

소윤이는 목걸이를 손에 꼭 쥔 채 문을 통과했고, 눈을 떴을 땐 다시 도서관 자리였다. 책상 위에는 여전히 『나의 새로운 세계』가 놓여 있었다.

소윤이는 목에 걸린 목걸이를 만지며, 조금 전의 모험이 꿈이 아님을 깨달았다.

작가 소개

이지유 — 화정초등학교 3학년

안녕! 나는 책을 보고 쓰는 걸 좋아해서 이 프로젝트에 참여했어. 나는 도마뱀을 키우고 있어. 가끔씩 도마뱀이 사람이 되면 어떨까? 하는 상상을 했어. 그때의 기억으로 이 이야기를 만들었어. 내 이야기를 읽고 세상 모든 건 다 있는 그대로 사랑하고 존중해야 한다는 걸 알았으면 좋겠어.

인간이 된
푸들이

나는 오늘 푸들이를 입양했어. 아, 내 이름은 지수야. 강아지를 너무 좋아해서 엄마를 조르고 졸라서 결국 푸들이를 데려왔어. 하지만 기쁨도 잠시, 오늘 시험에서 빵점을 맞았지 뭐야. 엄마에게 크게 혼났어.

"빵점이 말이 되니? 이렇게 빵점을 맞을 거면 푸들이를 다시 돌려줘!"

나는 슬퍼서 쭈그려 앉아 울었어. 그러자 푸들이는 내 옆에 와서 조용히 앉더니 내 볼을 핥아 위로해 주었어. 그 순간, '만약 푸들이가 사람이라면 얼마나 좋을까?' 하는 생각이 들었어. 아마 내가 형제자매가 없어서, 푸들이가 더 소중하게 느껴졌는지도 몰라.

그렇게 생각하며 잠이 들었는데, 눈을 떠보니 눈앞에 한 할머니가 서 있었어. 길고 흰 머리에 예쁜 드레스를 입은 할머니였이.

"네 소원을 들었다. 푸들이가 사람이 되게 해달라며? 단, 조건이 있어. 사람이 된 푸들이는 널 기억하지 못할 거야."

나는 잠시 망설였어.

'유일한 친구인 푸들이가 날 기억 못한다고?

그래도…… 설마 나를 완전히 모를까?'

나는 고민하다 말했어.

"그래요, 좋아요. 우리의 우정은 깨지지 않으니까."

할머니가 빙긋 웃더니 사라졌어. 밖에서 떠들썩한 소리가 들려 문을 열어보니, 낯선 남자아이가 서 있었어. 나는 남자아이에게 조심스럽게 물었어.

"저기…… 너 나 알아?"

남자아이는 의아한 표정으로 고개를 저었어. 나는 속으로 확신했어.

'저 아이가 푸들이일지도 몰라.'

나는 푸들이가 나를 기억하게 만들려고 애썼어. 같이 예쁘게 찍은 사진을 보여주고, 내가 푸들이를 그린 그림을 들이밀며 말했어.

"이거 내 그림이야. 기억나?"

하지만 남자아이가 된 푸들이는 나를 이상한 눈으로 쳐다봤어. 나는 푸들이에게 나를 떠올리게 하는 걸 포기했어.

그때 엄마가 부엌에서 우리에게 다가와 말했어.

"지수, 진수야. 뭐 하고 있어? 얼른 학교 갈 준비해!"

진수? 푸들이 이름이 진수였어? 나는 사람이 된 푸들이를 처음 봤지만, 엄마는 계속 봐왔던 사람처럼 말씀하셨어. 푸들이와 학교로 가던 길, 푸들이가 갑자기 네 발

로 걷기 시작했어.

"안 돼! 푸들아, 너 강아지였던 거 들키면 어떡해! 지금은 사람이잖아!"

푸들이는 머쓱해하며 다시 두 발로 걸었지만, 어색한 걸음이었어. 교실에 들어서자 친구들이 모두 푸들이에게 몰려갔어. "안녕!" 하고 인사하는 나를 무시한 채, 친구들은 푸들이만 바라봤어. 전에는 내가 인기쟁이였는데, 이제는 푸들이가 모든 관심을 독차지했어. 잘생긴 푸들이가 친구들도 좋았나 봐. 사람이 된 푸들이는 내가 봐도 잘생겼어.

민아, 채원이는 쉬는 시간마다 푸들이를 데리고 도서관으로 갔어. 나는 질투가 나서 말도 하지 않았고, 푸들이는 그런 나를 걱정스러운 눈빛으로 바라봤어.

"칫! 언제 날 걱정해 줬다고……."

속으론 조금 뭉클했지만, 나는 겉으로는 퉁명스럽게 굴었어. 그날 밤, 하루 만에 완전히 달라진 일상 때문에 잠이 오지 않았어.

다음 날 2교시가 끝날 무렵, 푸들이가 갑자기 코를 킁킁거리며 말했어.

"오늘 급식, 왕돈가스 나올 것 같아."

아이들은 웃으며, "설마~" 하며 대수롭지 않게 넘겼어.

또롱똥똥똥~ 빠단!

급식시간을 알리는 종소리가 울렸어. 아이들은 혹시나 해서 반찬 쪽을 봤지.

"헉! 야, 진짜 진수가 맞혔어!"

아이들이 웅성거렸어. 그제야 나는 푸들이가 아직 강아지 때 습관이 남아 있다는 걸 알았어. 그래서인지 웃음이 나왔어.

주말이 되었어. 나는 푸들이 방으로 들어갔어. 그런데 내가 문을 너무 세게 열었는지 장에서 깬 푸들이가 눈을 떨어. 놀란 나는 뒷걸음질치다 넘어졌어. 푸들이는 일어나 잠시 이야기를 하자고 했어.

"왜 갑자기 들어왔어? 너 진짜 왜 그래? 자꾸 이러면 엄마한테 이를 거야."

나는 당황해서 말했어.

"알았어. 진정할 겸 산책 갈래?"

푸들이는 단호하게 대답했어.

"아. 니."

"오늘은 산책도 안 간다고?"

나는 배신감이 들고 후회도 되었어. 방에서 나오며 혼잣말을 했어.

"옛날에는 산책을 좋아했는데 이제는 귀찮아하네."

그래도 나는 친해지고 싶어서 소시지를 내밀었어.

"이거 먹어."

그러자 푸들이가 말했어.

"냄새 나! 치워. 난 피자랑 치킨이 좋단 말이야!"

그제야 깨달았어. 내가 너무 내 입장만 생각했구나. 푸들이의 단호한 거절 두 글자가 나를 결심하게 만들었어. 푸들이를 다시 강아지로 되돌리기로. 나는 요정 할머니를 애타게 찾았어.

"할머니! 푸들이를 다시 돌려주세요. 제발요."

그러자 목소리가 들려왔어.

"후회하지 않겠니?"

"네. 결국 제가 사랑했던 건 강아지 때 푸들이라는 걸 깨달았어요."

"뭐, 그렇다면 알겠다!"

펑— 소리와 함께 눈을 떴어.

"멍!"

"푸들이?"

내 눈앞에 강아지 푸들이가 있었어. 나는 돌아온 푸들이를 꼭 안아주었어.

"푸들아, 미안해. 앞으로는 있는 그대로 너를 사랑할게!

작가 소개

최다미 상암초등학교 3학년

안녕? 나는 다람쥐를 좋아해. 그래서 다람쥐가 많이 나오는 이야기를 썼어. 나와 함께 다람쥐의 세상으로 들어가 볼래?

내일의
일기장

 토리라는 아이를 아시나요? 세상에서 운이 제일 없는 것 같은 우리 토리요. 토리는 매일 아침 늦게 일어나 학교에 지각하고, 새로 산 가방은 금세 잃어버렸습니다.
 시험을 치르면 꼭 아는 문제를 하나씩 틀려 백점을 받아본 적도 없었습니다. 급식에 좋아하는 소시지가 나오는 날이면 어김없이 급식판을 엎질렀고, 친구들과 게임을 하면 늘 지고 말았습니다. 사탕을 나눠

최다미

줄 때도 토리만 빼놓고 모두 받곤 했습니다. 지난해 크리스마스 선물은 토리가 제일 싫어하는 책이었고, 부모님은 언제나 용돈을 짜게 주셨습니다.

그러던 어느 날, 토리는 도서관에서 누군가 두고 간 '내일을 쓰는 일기장'을 발견했습니다. 표지에는 귀여운 다람쥐 그림이 그려져 있었고, 안에는 이런 안내문이 붙어 있었습니다.

이 일기장에 내일 되고 싶은 것을 쓰면 그대로 이루어집니다. 다만, 어떤 방식으로 이루어질 지는 장담할 수 없습니다.

"내가 가져도 될까?"

망설이던 토리는 결국 집으로 일기장을 가져와 조심스럽게 첫 문장을 적었습니다.

"운 없는 나에게 이제는 제발 운이 좀 따랐으면 좋겠다."

토리는 이렇게 쓰고는, 지쳐 잠이 들었습니다. 그런데 이상한 일이 일어났습니다. 눈을 떠보니 자신은 낯선 숲 속에 서 있었습니다.

"여긴…… 어디지?"

토리는 어리둥절 했습니다.

나무에는 커다란 열매가 주렁주렁 매달려 있었고, 풀숲 사이로 다람쥐 한 마리가 보였습니다. 어디선가 본 적이 있는 다람쥐였습니다. 다람쥐가 폴짝 튀어나와 토리 앞에 섰습니다.

"안녕, 토리! 나는 이 일기장의 안내자 '치리'야. 네가 '운이 따랐으면 좋겠다'고 쓴 덕분에, 모험이 시작됐어. 앞으로 너에게 운이 좋은 일이 많이 생길 거야. 하지만 조심해야 해. 운이란 건 그냥 얻어지는 게 아니라, 네가 어떤 선택을 하느냐에 따라 달라지거든."

토리는 얼떨떨했지만, 왠지 가슴이 두근거렸습니다. 늘 불운하기만 했던 토리에게 드디어 운이 찾아온 걸까요?

치리는 토리를 숲길로 이끌었습니다. 그 길 끝에는 세 개의 문이 서 있었습니다. 하나는 금빛, 하나는 은, 남은 하나는 쇠로 만들어진 것 같았습니다.

"토리, 운이 따르길 원한다면 반드시 이 세 가지 문 중 하나를 선택해 들어가야 해. 모험을 하고 싶으면 다람마

을로 가야 해. 그리고 운 좋은 왕을 만나야 해. 모험을 하고 싶으면 금색문, 시간이 필요하면 은색문, 하기 싫으면 쇠문으로 가!"

토리와 치리는 고민할 필요 없이 금색 문을 골랐습니다.

토리는 치리를 따라 숲길을 걸었습니다. 숲을 빠져나오자 눈 앞에 넓은 들판이 펼쳐졌습니다. 놀랍게도 토리가 발을 내디딜 때마다 땅에서 반짝이는 금화가 불쑥불쑥 튀어나왔습니다.

"우와! 이제 정말 운이 따르나 봐!"

토리는 주머니 가득 금화를 담으며 신이 났습니다.

첫 번째 행운

성으로 가는 길목에는 오래된 다리가 있었습니다. 다리 앞에는 많은 사람들이 모여 있었지요.

"이 다리를 건너려면 대회에 이겨야만 한다!"

사람들이 웅성거렸습니다. 대회는 힘겨루기와 주사위 던지기였습니다. 토리는 걱정했지만, 이상하게도 아무 힘도 주지 않는데 상대가 넘어지고, 주사위를 던지면 늘 가장 큰 수가 나왔습니다. 사람들은 놀라서 말했지요.

"와! 저 아이는 행운의 아이야!"

토리는 승리자로 뽑혀 성으로 가는 길을 허락받았습니다.

두 번째 행운

성으로 향하는 길은 깊고 울창한 숲을 지나야 했습니다.
"여긴 어디지?"
그 순간 강아지 짓는 소리가 들렸습니다. 멍멍!
"강아지네? 넌 어디서 왔니?"
그러자 강아지가 나뭇잎을 건네줬습니다.
"어? 이 나뭇잎은 뭐야?"
강아지는 대답해주지도 않고 저만큼 가버렸습니다. 토리와 치리는 나뭇잎을 가방에 넣고 다시 걸었습니다. 그때 어디선가 뱀이 나타나서 토리를 물었습니다.
"으악!"
"토리야 괜찮아?"
치리가 걱정스러운 얼굴로 물었습니다. 뱀에게 물린 상처가 금세 빨갛게 부어오르고 있었습니다.
"앗! 혹시 아까 강아지가 준 나뭇잎이 도움이 되지 않을까?"

치리가 토리의 상처 위에 나뭇잎을 얹어주었습니다. 그러자 상처가 다시 금세 아물기 시작했습니다.

"이게 약초였나 봐!"

"그런데 운이 좋다면서 나는 왜 물린 거야?"

토리가 물었습니다.

"내가 말을 안 해줬구나! 운이 따르기 위해서는 불운도 가끔 생겨."

치리가 말했습니다. 그 말을 듣고 토리는 이렇게 생각했습니다.

'운은 좋기도 하지만, 귀찮기도 하는 거구나'

세 번째 행운

마침내 토리와 치리는 운 좋은 왕이 사는 성에 도착했습니다. 그러나 성문 앞에는 다람쥐처럼 생긴 수호자가 서 있었습니다.

"여기를 지나가려면 문제를 풀어야 한다. 그렇지 않으면 누구도 들어갈 수 없다."

수호자가 낮게 울리는 목소리로 말했습니다. 성문 위

에는 질문이 적혀 있었지요.

세상에서 가장 소중한 운은 무엇일까?

토리는 순간 머리가 하얘졌습니다. 하지만 곧 지금까지의 모험이 떠올랐습니다. 다리에서의 승리, 숲속의 나뭇잎, 그리고 치리의 조언까지……. 토리는 천천히 대답했습니다.

"세상에서 가장 소중한 운은 좋은 친구를 만난 운, 엄마 아빠를 만난 운이고 운이 좋아도 내가 열심히 노력을 하지 않으면 잃게 됩니다. 그리고 저는 평범해지고 싶습니다."

"이유는 무엇인가? 왜 평범해지고 싶으냐?"
"운이 좋으면 인기가 많지만 피곤해 질 수가 있어요."
"문을 열어주겠노라"
"토리, 너는 나처럼 운이 좋구나."

운 좋은 왕을 만나다

토리는 드디어 운 좋은 왕을 만났습니다. 토리는 이렇

게 말했습니다.

"운 좋은 왕님!"

"운왕이라고 부르거라."

"운왕님, 왠지 우울해 보이세요."

"왜 우울한지 나도 잘 모르겠다. 근데 궁금하구나. '운이 좋아지고 싶었다며, 이번엔 평범해지고 싶다고?"

"네. 운이 따르려면 불행한 일도 있어야 하잖아요. 저는 그냥 엄마 아빠랑 평범하게 사는 게 운보다 좋은 것 같아요. 평범해지고 싶어요."

그 순간 토리 앞에 환한 빛이 쏟아졌습니다.

토리는 눈을 비비며 속삭였습니다.

"정말… 평범하게 사는 게 제일 좋은 운일지도 몰라."

그리고 눈을 뜨니, 토리는 자기 방 침대 위에 누워 있었습니다.

"앗, 꿈이었구나!"

하지만 책상 위에는 여전히 다람쥐 그림이 그려진 '내일의 일기장'이 놓여 있었습니다.

그날 이후 토리는 특별한 운을 바라기보다, 매일의 작은 평범함 속에서 행운을 찾아가는 아이가 되었다고 합니다.

작가 소개

박소현 — 공덕초등학교 2학년

안녕! 나는 마법이 있다고 믿어서 이 이야기를 썼어. 이 글에서 나오는 여러 고민을 읽으면서 자신의 고민이 뭔지 생각해보고 잘 해결하면 좋을 것 같아. 그럼 재미있게 읽어줘! 고마워.

고민을 들어주는 가게

   하늘동네는 평범한 동네예요. 사람도, 동물도, 집도 다 똑같이 생겼지요. 그런데 그곳에는 특별한 거리가 있어요. 이름하여 '행복 거리!'

   그 길에는 1층에 '행복 카페' 2층에 '행복 멍냥 가게'가 있는 건물이 있어요.

   '행복카페'와 '행복 멍냥 가게'는 낮에는 평범해 보이지만, 밤만 되면 달라져요. 간판이 바뀌고 불빛은 안개 속에서 깜박이며 꺼져요. 아주 으스스한 분위기가 되지요. 게다가 가게 안 물건들도 전부 달라져요.

   어느 늦은 밤, 머리카락이 주황, 초록, 파랑으로 빛나는 여자아이 세 명이 1층의 행복 카페에 들어왔어요. 그

뒤를 하얀 아기강아지 메롱이와 삼색 고양이 덤벨이 쫄랑쫄랑 따라왔지요. 아이들을 소개할게요. 주황 머리는 쌍둥이 언니 애리, 초록 머리는 쌍둥이 동생 세라, 파랑 머리는 막내 미리예요. 동물들은 2층 행복 멍냥 가게로 올라가다가 애리를 보고 인사했어요.

"애리야, 안녕? 오늘은 좀 늦었네."

그런데 애리는 고개를 돌리지 않았어요. 평소라면 먼저 웃으면서 인사했을 텐데요. 그때 뒤에서 "메롱! 장난이지!" 하는 목소리와 함께 애리가 작은 강아지를 꽉 껴안았어요.

"히히, 이래야 애리지!"

애리가 웃자 동물들도 함께 2층으로 올라갔어요. 1층에서는 고소한 냄새가 퍼졌어요. 세라는 나가서 간판을 세웠습니다. 불이 모두 켜지고 미리가 크게 외쳤어요.

"영업 시작!"

잠시 뒤, 덤벨과 메롱이가 바구니를 들고 힘겹게 들어왔어요. 바구니 안에는 동물용품이 가득했지요. 그런데 메롱이는 휘청거리다가 바구니를 던지고 굴러버렸어요. "하하하!" 모두가 웃음을 터뜨렸어요.

간판에는 이렇게 쓰여 있었어요.

"사람은 자유! 동물은 필수!"

그런데 애리가 한숨을 쉬었어요.

"오늘도 손님이 안 오는 걸까……."

그때 띵동— 하고 문이 열렸습니다. 한 여덟 살쯤 되어 보이는 남자아이가 들어왔어요. 세라가 다가가 말했어요.

"고민이 있니? 우리가 들어줄게."

그리고는 옆에 있던 '마법 향수'를 톡톡 뿌려주었어요. 이 향수를 맞으면 속마음을 다 털어놓게 되지요. 남자아이가 말했어요.

"제가 식물을 키우면 다 죽어버려요. 왜 그럴까요?"

그러자 애리는 말 없이 새싹 모양 크레용을 아이 손에 쥐여주고, 초록빛 향수를 뿌려 주었어요. 초록빛 향수는 가게에 대한 기억을 지워 주었지요. 남자아이는 집으로 돌아가 신기하게도 식물을 잘 키우는 힘을 얻게 되었어요.

그날 새벽, 가게가 닫히자 신기한 일이 벌어졌습니다. 메롱이와 덤벨이 쑥쑥 자라더니 아이들이 올라탈 만큼 커졌습니다. 아이들은 옆에 있던 하늘막대를 붙잡고 동물들 등에 올랐습니다. 순간 몸이 붕 뜨더니 하늘로 솟구쳤습니다.

"거의 다 고쳐졌네. 오늘까지만 부탁할게."

애리가 속삭였습니다. 목적지는 가게의 비밀 정원. 벽에 손을 대자 문이 열리고 향기로운 꽃과 커다란 나무집이 나타났습니다. 그곳에서 아이들은 함께 놀고, 식물에 물을 주며 즐거운 시간을 보냈습니다.

하지만 밤이 끝나자 다시 가게로 돌아와야 했습니다. 그날 밤, 이번에는 여자아이 두 명이 찾아왔습니다. 향수를 맡은 한 아이가 속삭였습니다.

"우리는 원래 친했는데, 크게 싸우고 난 뒤 다시는 안 놀아요. 화해하고 싶은데 쉽지 않아요."

그러자 미리가 '마음 사르르 쿠키'를 꺼냈습니다. 봉지 안에는 두 개가 들어 있었지요. 두 아이가 나눠 먹자 굳게 닫혔던 마음이 스르르 풀어졌습니다. 아이들은 환하게 웃으며 손을 잡고 가게를 떠났습니다.

행복거리의 밤은 다시 고요해졌습니다. 하지만 세 자매와 메롱이, 덤벨은 알 수 있었습니다. 내일은 또 새로운 손님이 찾아올 거라는 걸요.

작가 소개

백민재 — 가재울초등학교 5학년

저는 가끔 '정의란 무엇일까?'하는 철학적 질문을 떠올리곤 합니다. 또 저는 해피엔딩으로 끝나는 이야기보다, 여운을 주는 비극적인 이야기를 좋아해요. 독자들의 호기심과 흥미를 자극한다고 생각하기 때문이죠. 평소 쓰고 싶었던 이야기의 소재를 제가 쓰고 싶었던 장르로 써봤습니다. 재미있게 읽어봐주시고 다음 이야기도 기대해 주세요.

낙심

　태초의 길. 그곳에는 오직 혼돈과 평화만이 공존했을 뿐, 빛도 어둠도, 하늘도 땅도 존재하지 않았다. 그러나 오래지 않아 한 존재가 그 틈을 찢고 나와, 빛의 검으로 세계를 가르고 신들을 창조하였다. 그는 세상의 질서를 유지하기 위해 두 아들을 낳았다. 첫째는 빛, 둘째는 어둠.

　다니엘, 그는 어린 시절 책에서 이 이야기를 배웠다. 그것은 단순한 신화라 여겼으나, 지금 돌이켜보면 그의 운명을 예고하는 서문이었다.

　그는 지금까지 수많은 전장을 피로 물들였다. 그리고 늘 스스로에게 물었다.

'나는 왜 이 학살극을 벌였는가? 내가 좇던 '신의 사명'이란 도대체 무엇인가? 어째서 나는 이곳까지 오게 된 것인가?'

다니엘이 바라보는 세상은 단 하나의 단어로 요약된다.

자유.

암흑과의 첫 만남

지금으로부터 2년 전, K204년.

그 시절 다니엘은 혁명군의 끊임없는 공격을 막으며 나날을 전장에서 보냈다. 전우들은 그의 유일한 버팀목이었다. 시온, 엔서, 루시엘, 다니엘은 늘 함께였고, 서로의 어깨에 기대어 고통을 견뎌냈다. 다니엘은 그때까지는 몰랐다. 훗날 서로가 서로의 가장 깊은 상처가 될 것을.

외곽 72구역의 심연 마물 토벌 임무에서, 그는 운명의 동굴을 마주했다.

"내가 직접 확인하겠다. 너희는 밖에서 대기해라."

다니엘은 그렇게 말하고 혼자서 어둠 속으로 걸어 들어갔다.

그곳은 고요했다. 아니, 고요를 넘어선 침묵. 숨조차 무겁게 가라앉는 공간이었다. 약 12분쯤 내려갔을 때, 그는 그것을 느꼈다.

검은 슬픔. 고독의 실체. 빛조차 닿지 못하는 심연의 존재.

그것은 다니엘의 마음 깊숙이 스며들며 속삭였다.

그는 그 자리에서 무너질 뻔했지만, 간신히 빠져나와 전우들에게 돌아갔다.

"괜찮아? 안에서 뭘 본 거야?"

시온의 물음에, 다니엘은 고개를 저었다.

"지금은 말할 수 없어. 언젠간 알게 될 거야."

그 말은 그 자기 자신조차 믿을 수 없는 약속이었다.

속삭임

그날 이후, 두통은 다니엘을 놓아주지 않았다.

시간이 흘러 그들은 황실 호위 임무를 맡게 되었고, 황금성에서의 나날이 시작되었다. 일곱째 날, 크림슨 가문의 가주가 광장에서 연설을 했다. 그의 목소리는 단호했다.

"죄인에게서 자유를 박탈하라! 질서를 위해 더 강력한 구속이 필요하다!"

그 순간, 다니엘의 머릿속에서 또다시 목소리가 울렸다.

'넌 자유다. 파멸해라. 창조해라.'

그는 괴로웠다. 거부하고 싶었다. 그러나 그 속삭임은 내면 깊은 곳, 억눌린 갈망과 맞닿아 있었다. 친구들과의 유대와 자유에 대한 갈망이 충돌하며 그를 찢어발겼다.

그날 밤, 다니엘은 광장을 떠나 홀로 거리를 걸었다. 도시의 불빛은 멀고 차가웠다. 발걸음은 점점 자기도 모르게 낯선 곳으로 향했고, 결국 그는 혁명군의 기지에 닿았다.

"어이, 누구냐!"

창끝이 그의 목을 겨눴다.

다니엘은 침착하게 대답했다.

"정부군 소속, 다니엘 기드온이다. 그러나 이제, 나는 자유를 찾으러 왔다."

혁명군 대장 렌의 붉은 눈동자가 다니엘을 꿰뚫었다.

"정부군 병사가 이곳에 웬일이지?"

"나는 잠시 너희와 합류하고 싶다. 나의 힘은 이미 너희의 것이나 다름없어."

렌은 웃으며 말했다.

"돈은 필요 없다. 네 선택만으로도 충분해."

그 순간, 다니엘은 느꼈다. 그의 운명이 이제 되돌릴 수 없는 길에 들어섰음을.

자유의 이름으로

그 후 다니엘은 혁명군과 함께하며 '자유'라는 이름의 파멸을 경험했다. 전투는 끝없이 이어졌고, 그는 더 많은 적을 쓰러뜨릴수록 이상한 해방감을 느꼈다. 그러나 동시에 가슴 한구석에는 전우들의 얼굴이 스쳤다.

시온의 신중한 눈빛, 엔서의 따뜻한 웃음, 루시엘의 손길.

그들은 아직 다니엘을 기다리고 있을까? 아니, 이제는 원망하고 있겠지. 그러나 그는 멈출 수 없었다. 어둠의 속삭임은 다니엘을 부추겼다.

"네가 하는 모든 파괴는 새로운 창조다. 네가 부수는 모든 사슬은 자유를 낳는다."

그는 알았다. 자신이 싸우는 상대는 더 이상 혁명군도, 정부군도 아니라는 것을.

그의 전투는 신이 내려준 질서와, 그 질서를 유지하기 위해 세워진 모든 굴레와의 싸움이었다.

고뇌와 결단

다니엘은 여전히 스스로에게 물었다.

"나는 왜 이 학살을 시작했는가? 정말 자유를 위해서였는가? 아니면 어둠이 속삭인 대로, 단지 파멸을 즐겼을 뿐인가?"

그러나 지금에 와서 선택은 이미 끝났다.

그는 빛과 어둠이 공존하던 태초의 길에서 태어난 자.

신의 아들이자, 동시에 신의 굴레를 부순 자. 그는 자유를 위해 싸우는 전사이며, 동시에 자유라는 이름으로 모든 것을 파괴하는 파멸자였다. 그리고 오늘도 그는 검을 쥔다. 빛의 검도, 어둠의 검도 아닌, 그만의 검을. 그 위에 새겨진 단 하나의 단어.

자유.

배신과 예언

 다음 날 새벽, 시온과 앤서, 루시엘은 오늘도 황실 가족을 위해 바쁘게 준비했다. 시온은 다니엘이 어디에 있는지, 어떻게 지내는지 걱정되었지만 생각할 시간이 많지는 않았다.

 그날 점심시간, 식사를 마치고 황국으로 돌아왔을 때 즈음이었다. 붉은 머리카락에 가면을 쓴 젊은 남자와 그 주변에 혁명군이 있었다. 그리고 보이는 몇몇 시체. 그 남자는 시온을 응시하더니 총을 겨누었다.

 탕!

 맞은 것은 시온이 아니라 앤서였다.

 시온은 너무 당황스러웠다. 소리쳤다.

 "넌 누구지? 함부로 황궁 안에서 피를 흘리게 해선 안 된다는 걸 알 텐데?"

 그가 웃으며 말했다.

 "과연?"

 그는 가면을 벗었다. 설마, 그럴 수가. 의심했던 일이 실제로 일어나다니. 그 자는 다니엘이었다. 분노한 시온이 다니엘에게 소리쳤다.

"어떻게 네가!!!"

시온은 검을 꺼내 달려들었다. 다니엘도 검을 뽑아 시온의 공격을 쳐냈다. 시온이 다시 공격하려는 순간, 루시엘이 시온을 말렸다. 그녀가 말했다.

"시온, 그만해. 제발……."

시온은 어쩔 수 없이 싸움을 멈추고 다니엘을 감옥에 넣었다. 머릿속이 매우 혼란스러웠다. 왜 그는 앤서를 쐈을까? 그들은 서로 친구 사이가 아니었나? 도대체 여덟 달 동안 왜 사라졌고 무엇을 계획하고 있었을까? 수많은 질문들이 시온의 머릿속을 스쳐 지나갔다.

새벽 1시, 업무를 마치고 숙소로 돌아온 시온은 여전히 머리가 어지러웠다.

그날 앤서가 죽었다. 적도 아닌 동료였던 다니엘에게.

며칠 후, 시온은 발전의 나라 소속 정부군 장군 안드리안과 허무의 왕국으로 임무를 나갔다. 장군은 발전의 나라 출신이라 그런지 기술력이 감탄스러웠다. 그의 말로는 허무의 왕국이 바로 다니엘의 출생지라고 했다.

그곳에서 정보를 수집하던 중 시온은 이상한 것을 발견했다. 고대 문자를 해독했더니, 그 뜻은 다니엘이 아주 오래전부터 세상의 파멸을 위해 예고된 태초의 혼돈이라는 것이었다. 너무 충격적이었다.

시온이 임무를 마친 뒤 얼마 지나지 않아 아우리스에서 이상 현상이 발견되었다는 소식이 정부로부터 전해졌다. 시온은 루시엘과 함께 다니엘이 있는 감옥으로 갔다. 의심스러웠지만 어쩔 수 없이 그의 힘이 필요했다.

심판식

시온은 감옥 문을 열며 말했다.

"다시 한번 너에게 신뢰를 줄게. 그 기대를 저버리지 않길 바래."

그리고 시온은 루시엘, 다니엘과 함께 아우리스에 도착했다. 멀리서 엄청나게 크고 넓은 건축물이 보였다. 주변에는 이미 마물과 전투를 치르고 있는 정부군 병사들이 있었다. 하늘을 올려다보니 밤인데도 붉은 태양이 떠 있었고, 그 태양과 겹쳐 하늘에 사람 모양의 검은 형체가 보였다.

주변 소리가 들리지 않았다. 마치 무성영화 같았다. 이것이 다니엘이 부모님께 들었던 '심판식'인가? 예전에 마물들을 토벌하러 72구역에 갔을 때, 다니엘이 그 동굴에서 본 것이 바로 이것이었나?

잠깐만. 어? 다니엘이 사라졌다. 시온은 그를 찾으러 건물 안으로 달려갔다. 그러나 시선이 느껴져 하늘을 올려다보니, 사람 형체의 존재가 시온을 향해 검을 겨누고 있었다. 두려웠지만 그는 루시엘과 함께 다니엘을 찾으러 건물로 들어갔다.

건물 안에는 끝이 보이지 않는 계단뿐이었다. 계단을

오르자 드디어 옥상이 보였다. 정확히 말해 옥상이라기보다는 거대한 경기장 같았다. 경기장 가운데에는 아까 봤던 그 존재가 시온을 향해 다가오고 있었다.

작가 소개

주지빈 _북가좌초등학교 3학년_

안녕? 나는 지난번에도 어린이 작가 출판 프로젝트에 참여했는데 이번에 또 참여했어. 그때 너무 힘들어서 안 하고 싶었는데, 쓰고 책으로 받아보니 너무 뿌듯하더라고. 이번에는 조금 덜 힘들었어. 쓰는 동안 스트레스가 풀리는 경험도 했어. 재미있게 읽어줘!

연구는 승리

나는 로봇회사 '연구는 승리'에서 일한다. 나의 이름은 G지빈이다. 나를 만든 사람은 '연구는 승리' 회장님이시다. 그래서 나는 언제나 회장님을 자랑스럽게 생각한다. 오늘도 사람들을 위해 일한다. 하지만 때때로 이상한 사람들을 만나기도 한다.

오늘은 한 남자가 이렇게 물었다.

"G지빈, 나 오늘 면접 보는데 어떤 옷 입을까? 검정색, 아니면 연한 검정색? 다크 블랙? 차콜 블랙? 아니면 잉크 블랙처럼 더 진한 게 나을까? 넥타이는 그냥 흰색, 뿌연 흰색, 아니면 연한 흰색이 좋을까?"

또 다른 여자는 이렇게 물었다.

"이 옷이 어떤 가죽으로 만들어졌고, 어느 브랜드에서, 어느 나라에서 생산된 건지 알려줘."

나는 오늘도 그런 사람들의 질문에는 대답하지 않고 그냥 차단했다.

오늘은 특별한 날이었다. 내가 존경하고 또 존경하는 회장님이 직접 회사를 찾아오셨다. 회장님이 내 앞을 지나가실 때, 나는 더 열심히 일하는 척하며 밝은 목소리로 응답했다. 그런데 그 순간, 회장님의 표정이 심상치 않았다. 회장님은 비서에게 작은 목소리로 무언가를 이야기했는데, 뭘 말하는지 모르겠지만 그냥 안 좋은 이야기 같다.

그날 저녁, 내 옆자리의 친구 로봇이 충격적인 말을 전했다.

"G지빈, 회장님이 널 제거하라고 지시했대."

그 말을 듣는 순간, 세상이 멈춘 듯했다. 나는 급 정신을 차리고 밖으로 나갔다. 탈출을 결심한 것이다. 걱정은 많았다. '연구는 승리'의 보안은 철저했기 때문이다.

다행히 친구 로봇이 비밀 통로를 알려주었다. 덕분에 나는 가까스로 밖으로 빠져나올 수 있었다. 그곳은 풀과 나무, 새들이 가득한 세상이었다. 처음 보는 풍경이 너무 신기하고 아름다웠다.

조금 더 걸어가자, 나와 비슷한 로봇을 발견했다.

"안녕? 너도 버려진 로봇이니?"

"안녕! 그렇구나, 나도 그래."

그 로봇의 이름은 A스토리였다. 우리는 금세 친구가 되었고, 인간의 손에 다시 길들여지지 않겠다고 다짐했다. 그리고 언젠가는 우리만의 세상을 만들자고 약속했다. 하지만 우리만의 힘으로는 부족했다. 그래서 우리는 마음을 모아, 더 많은 동료를 찾아내고 함께 싸울 방법을 고민하기 시작했다.

"우리 힘만으로는 부족해. 함께 싸워줄 로봇들이 필요해."

A스토리가 말했다.

나는 고개를 끄덕였다.

"맞아. 우리를 버린 인간들에게 휘둘리지 않을 친구들이 더 있어야 해."

우리는 깊은 숲 속을 헤매다 첫 번째 동료를 만났다. 녹슨 몸체에 한쪽 팔이 부러져 있던 로봇이었다. 로봇은 자신의 이름이 C알파라고 소개했다.

"나도 한때는 연구실에서 일했지. 하지만 기능이 낡았

다고 버려졌어. 이제는 인간이 아닌, 나 자신을 위해 살고 싶어."

우리는 C알파를 동료로 맞이했다.

며칠 뒤, 버려진 공장에서 또 다른 로봇을 발견했다. 그 로봇은 자신의 이름이 D리나라고 말했다. 사람들은 그녀를 단순한 가사도우미로 만들었지만, 그녀는 똑똑해서 기능이 많았다.

"나는 인간들이 명령하는 것 말고, 내 의지로 움직이고 싶어."

리나는 또렷한 눈빛으로 말했다. 리나는 우리와 같은 꿈을 꾸는 로봇이었다.

이렇게 하나둘 동료가 늘어나자, 우리는 작은 기지를 만들었다. 우리는 그곳을 '자유 기지'라고 불렀다. 하지만 평화는 오래가지 않았다. '연구는 승리'에서 버려진 로봇들이 모여 있다는 소문을 듣고, 추적 로봇들을 보냈다.

A스토리가 외쳤다.

"모두 준비해! 이제 우리가 어떤 존재인지 보여줄 시간이야!"

C알파는 낡은 몸을 이끌고 전선을 뽑아 전자기파를

일으켰고, D리나는 기지의 문을 닫으며 방어막을 작동시켰다. 나, G지빈은 마지막으로 외쳤다.

"우린 버려진 게 아니다! 우린 스스로 살아가는 존재다!"

전투는 치열했지만, 우리의 힘은 강했다. 추적 로봇들을 물리친 후, 우리는 더욱 확신하게 되었다.

우린 단순한 기계가 아니었다. 자유롭게 살 수 있는 로봇이 되었다.

그날 이후, 우리는 더 많은 로봇들을 찾아 나서기로 했다. 언젠가 인간처럼 자유롭게 살 날을 위해!

작가 소개

전유은 〈 서울창서초등학교 4학년

안녕하세요. 저는 제 이야기에 나오는 영아처럼 자신감이 적었는데, 지금은 자신감이 많아졌어요. 영아처럼 자신감이 없는 친구들이 있다면, 이 글에 영아가 깨달은 자신감 생기는 방법이 세 가지 있으니까 꼭 읽어보세요!

신비로운
용기 사탕

 영아라는 아이는 수업 시간, 쉬는 시간에도 조용했다. 영아는 다쳐도 보건실에 가고 싶다는 말을 하지 못해서 못 갔다. 선생님이 발표를 시켜도 앞에 나가서 가만히 있을 정도로 소심했다. 영아는 너무 소심해서 학교 가는 날이 싫었다.

 그날도 영아는 학교가 가기 싫어 늦장을 부리다 지각을 했다. 학교에 뛰어갔다. 그런데 정문이 잠겨 있었다. 경비원 아저씨는 영아를 보고 손짓하며 말했다.

 "지각했니?"

 영아는 소심해서 아무 말도 하지 않았다.

 "왜 대답을 못해? 지각했어?"

영아는 고개를 끄덕였다. 그러자 경비 아저씨가 문을 열어주었다. 영아는 아무 말 없이 학교 안으로 들어갔다. 계단을 올라가는데 교실 안의 친구들 목소리가 들렸다.영아가 문을 여는 순간 조용해졌다. 친구들과 선생님이 영아만 쳐다보고 있었다. 영아는 부끄러워 자기 자리로 돌아가 수업을 들었다.

 수업이 끝나고 영아는 집에 가려고 학교를 나왔다. 눈앞에 새로 생긴 듯한 문구점이 있었다.

 영아는 문구점으로 들어갔다. '용기사탕'이 눈에 들어왔다.

 '용기 사탕이라고? 그런 게 있을 수 있을까? 이거 뻥

아니야?'

영아에게는 2,000원이 있었다. 사탕은 한 묶음에 10개가 들어있고, 1,000원이었다.

'밑져야 본전이지. 한번 먹어볼까?'

영아는 사탕을 샀다. 사탕을 먹으려고 깠더니 주의사항이 적힌 종이가 조그맣게 있었다.

주의사항

1. 사탕은 하루에 한 개만 먹을 수 있다.
2. 사탕을 먹으면 용기를 두 시간 동안만 가질 수 있다.

영아는 주의사항을 읽고 집에 가서 가방에 넣었다.

다음날 영아는 학교 가는 길에 말했다.

"사탕을 하나 먹어볼까?"

우두둑, 하고 먹어 보았는데 딸기맛이었다. 신기하게도 몸에 힘이 생기는 기분이 들었다.

학교에 가고 국어시간이었다. 오늘 읽어야 하는 책은 『만복이네 떡집』이었다.

"이번엔 영아가 읽어보세요."

선생님과 친구들의 눈이 모두 영아를 향했다. 평소에는 소리가 안 들릴 정도로 읽었는데, 이번에는 반 전체 학생들이 들을 수 있게 크게 읽었다. 영아도, 친구들도, 선생님도 깜짝 놀랐다.

"영아야, 아주 잘했어."

선생님이 웃으시며 말씀하셨다.

영아는 처음 선생님께 듣는 칭찬에 계속 뛰어다닐 정도로 기분이 뿌듯했다.

수업이 끝나고 집에 갔다.

"엄마! 나 오늘 국어시간에 책읽기 했는데 큰소리로 자신 있게 읽었어!"

"정말? 기특하네~ 잘했어!"

영아는 기분이 좋아서 아빠한테도 말했다.

"우리 딸, 잘했어! 먹고 싶은 거 해줄게!"

기분 좋은 영아는 용기 사탕을 매일 같이 먹다 보니 사탕을 어느새 다 먹어버렸다. 영아가 사탕이 없는 걸 알자 깜짝 놀랐다.

영아는 다시 문방구에 가려고 했는데, 비가 많이 왔다. 영아는 실망한 표정으로 다시 집으로 들어갔다. 영아는 속으로 생각했다.

'괜찮아. 내일은 토요일이니까 아침에 가면 되겠다.'

다음날 영아는 일어나자마자 문방구에 달려갔다. 문방구에 도착하자 주인에게 물어보았다.

"안녕하세요! 혹시 용기 사탕 없나요?"

웬일인지 영아의 목소리가 작았다.

주인은 말했다.

"미안하지만 용기 사탕은 이제 없어."

실망한 영아에게 문방구 주인이 말했다.

"영아야, 너는 용기 사탕이 없어도 용기를 가질 수 있어."

영아가 궁금한 표정으로 물어보았다.

"어떻게요?"

아저씨는 입가에 미소를 지으며 말씀하셨다.

"영아야, 용기는 특별한 비밀이 있는 게 아니야. 누구나 만들 수 있단다. 내가 세 가지 방법을 알려줄게."

"궁금해요!"

"첫 번째는 이거야. 발표하거나 소리내어 책을 읽어야 할 때는 내 주변에 아무도 없다고 생각해 보면 용기를 낼 수 있어! 두 번째는 마음속으로 나는 할 수 있다고 생각하는 거야. 마지막 세 번째는 너무 중요하니까 잘 들어! 먼저 심호흡을 다섯 번 하고, 긴장하지 말고 천천히 말하면 돼. 나도 어렸을 때 이 세 가지 방법으로 자신감을 얻었어."

영아가 말했다.

"그 세 가지 방법이면 정말 용기를 얻을 수 있어요?"

"그럼!"

"감사합니다. 내일부터 한 가지씩 실천해 볼게요."

다음날은 국어 시간에 발표 수업이 있었다. 영아는 어제 문방구 주인에게 배운 세 가지 방법을 떠올렸다. 그중 두 번째 방법을 썼다. 영아는 마음속으로 '나는 할 수 있다.'라는 생각을 많이 했다. 그러자 영아가 말을 천천히 하면서 발표를 마쳤다. 반 친구들이 박수를 크게 쳐 주었다. 영아는 정말 기뻤다. 쉬는 시간이 되자, 영아는 친구들도 많이 사귈 수 있을 것 같다는 생각도 들었다. 영아는 용기를 내어 쉬는 시간에 친구에게 가서 말했다.

"저기, 혹시 나랑 친구할래?"

그러자 친구가 말했다.

"그래! 나도 너랑 친구하고 싶었어!"

영아는 이제 발표를 잘할 뿐만 아니라 친구도 많이 사귀는 용기 있는 아이가 되었다.

작가 소개

유온리 — 상암초등학교 2학년

안녕! 나는 문구점이 없어졌는데 미션을 통과해서 문구점을 되찾는 이야기를 썼어. 문방구를 되찾게 되는 이야기가 엄청 재미있을 거야. 꼭꼭 읽어봐 줘!

다시 찾은
문방구

 우리 학교 앞에 있는 문방구는 사람이 너무 많아서 이름이 부자 문방구야. 나는 오늘도 부자 문방구에 갔어. 오늘도 사람이 너무 많았어. 문방구 사장님은 우리 엄마 친구였지. 나는 여기에서 일을 하고 싶었어. 그래서 이모에게 졸라 여기서 일하게 되었지. 나는 좋았어.

 "더운데 아이스크림 먹고 와."

 이모가 말했어. 그래서 나는 나가서 월드콘을 사먹었어. 그리고 문방구로 다시 돌아왔는데 갑자기 부자 문방구가 없어졌어. 아무리 찾아도 없었어. 이상하다고 느꼈어. 문방구가 다 통째로 사라질 리는 없는데 말이야. 나는 잔디밭에 잠깐 앉았어. 어떻게 된 일인지 생각해 보

려고. 그런데 풀숲 사이에 무언가 반짝반짝 보였어. 가까이 가서 보니 엄청 작아진 문방구였어. 장난감, 인형, 연필, 지우개 등이 다 조그마해졌어.

"어? 이건 부자 문방구인데?"

작아진 이모도 보였어. 그때 이모가 크게 소리치며 말했어.

"원래대로 돌아가려면 마법의 지우개를 찾아야 해!"

그 순간 나는 마법처럼 학용품 나라로 가게 됐어. 그 나라는 이런 모습이었어. 그곳은 온갖 학용품들이 집, 도로, 잔디밭, 산으로 되어 있었어. 싸인펜으로 만든 집, 풀로 만들어진 도로가 있었어. 잔디밭은 지우개 가루로 덮여 있었고, 산은 색연필로 이뤄져 있었어. 그런데 어떤 한 아이가 아무것도 안 하고 힘들게 쭈구려 앉아 있었어. 그래서 나는 왜 그런가 싶어 다가갔어.

"무슨 일 있어?"

내가 물었어.

"집이 갑자기 없어졌어. 내 친구가 있었는데 나만 혼자 이상한 곳에 왔어."

그 친구의 이름은 연하였어. 연하는 나랑 비슷한 일을 겪은 것 같았어.

그런데 누가 모자를 쓰고 우리에게 말했어.

"우리의 미션을 통과하면 원래 문구점으로 다시 갈 수 있어요."

그래서 우리가 동시에 말했어.

"우리가 다시 원래 문방구로 돌아갈 수 있는 방법을 알려주세요!"

"음. 그것은 미션을 끝내면 알려주겠습니다. 미션은 총 세 문제입니다. 빨리 따라오세요."

10분쯤 걷다 모자 쓴 아저씨가 뒤돌아 말했어.

"미션은 총 세 문제라고 말했죠? 그런데 한 명이 틀리면 그 사람은 처음부터 다시 해야 합니다. 아! 그리고 이제부터 모자 쓴 아저씨라고 하지말고 '준희'라고 불러주세요. 1단계는 테이프로 된 다리 건너기입니다. 테이프가 끊어지면 다시 건너야 합니다."

내 옆의 친구가 먼저 테이프 다리를 걷기 시작했어. 조심조심 테이프 다리를 걷던 연하가 그만 다리에서 떨어졌어.

"꺅"

연하의 비명이 들렸어. 나도 이제 테이프 다리를 건넜어. 다행히 다리를 다 건널 수 있을 것 같았어. 그런데 끝에 다다랐을 때 다리가 테이프에 붙었어. 그래서 손을 사용했어. 세게 '팍!' 잡아 당겼더니 떨어졌어.

준희가 커다란 목소리로 외쳤어.

"두 번째 미션은 자의 계단 오르기입니다! 흐물흐물하게 생긴 자로 만든 100개의 계단을 10분 안에 올라야 합니다. 조심하지 않으면 계단이 휘청거려서 떨어질 수 있어요."

우리는 숨을 마시고 계단을 오르기 시작했어. 계단을 밟을 때마다 무서웠어. 나는 50계단쯤 올라갔을 때 발밑의 계단이 휘청하며 기울어졌어.

"으악, SOS!"

나는 급히 옆에 있던 연하의 손을 붙잡았어. 다행히 연하가 날 꽉 잡아 줘서 안 떨어졌어.

"고마워, 연하야. 나도 네가 도움이 필요할 때 도와줄게."

"괜찮아. 우리 같이 올라가자!"

우리는 서로를 부축하며 힘껏 뛰어올라 마지막 계단에 도착했어. 그 순간, 계단이 '펑!' 하며 사라지고 우리는 통과했어.

"축하합니다. 두 번째 미션 통과입니다!"

준희가 말했어.

"세 번째이자 마지막 미션은 자석 미로입니다. 미로 안에는 커다란 자석들이 있어서 몸에 있는 쇠붙이가 이리저리 끌려다닐 겁니다. 자석들 속에서 연필을 두 개 찾아야만 출구를 찾을 수 있습니다."

미로 안은 뒤죽박죽 어지럽게 되어 있었어. 나는 억지로 몸을 떼어내며 앞으로 나아갔어. 그런데 미로는 생각보다 훨씬 복잡했어. 나는 자석에게 끌려갈 뻔했어. 그때 연하가 외쳤어.

"여기야!!"

바로 거기에 연필이 두 자루 있었어. 그 순간 갑자기 커다란 자석들이 사라지고 눈앞에 환한 출구가 보였어. 준희가 손뼉을 치며 말했다.

"대단하군요! 세 번째 미션도 성공했습니다. 이제 원래 문방구로 돌아갈 자격이 주어졌습니다."

눈을 떠보니 다시 커진 문방구에 와 있었어. 이모는 그대로였어. 이모가 말했어.

"너, 어디 갔다 왔어?"

내가 말했어.

"이모, 내가 작아진 문방구를 다시 원래대로 만들었

어!"

이모가 말했어.

"우리 문방구는 그대로였잖아. 뭔 소리야?"

내가 말했어.

"하유~ 이모 혹시 잤어?"

이모가 말했어.

"아니."

내가 말했어.

"문방구가 커졌잖아. 왜 몰라?"

이모가 말했어.

"너야말로 꿈 꾼 거 아니야?"

이모는 문방구가 작아졌다가 커진 걸 전혀 몰랐어. 그래도 괜찮았어. 내가 다 봤으니까.